EL FIN *de* TODA JACTANCIA

JORGE ARMANDO PÉREZ VENÂNCIO

El Fin de Toda Jactancia

© 2009 Keen Sight Books
Todos los derechos reservados en toda imagen y letra. Copyright © 2009 por Keen Sight Books.

Nota de derechos
Todos los derechos reservados. Ninguna parte de este libro puede ser reproducida o transmitida en forma alguna ya sea por medios electrónicos, mecánicos, fotocopiados, grabados o en ninguna otra forma sin el expreso consentimiento escrito de la publicadora.

Nota sobre riesgos
La información contenida en este libro es distribuida "Como Está" y sin garantías. Ni el autor ni Keen Sight Books se hacen responsables en cuanto a daños causados por interpretaciones individuales privadas del contenido aquí expuesto.

Marcas Registradas
El Fin de Toda Jactancia es un título propiedad de Keen Sight Books. Todas las otras marcas mencionadas son propiedad de sus respectivos dueños.

Todas las citas bíblicas son tomadas de la Versión Reina – Valera 1960 Copyright © 1987 Publicaciones Españolas.

Keen Sight Books

Puede encontrarnos en la red en: www.KeenSightBooks.com

Reportar errores de imprenta a *errata@keensightbooks.com*

ISBN: 978-0-578-02758-6

Printed in the U.S.A.

A mi Cristo,
por su infinita misericordia.

Gracias a mi Dios, por todo.
A mi esposa e hijos, quienes pacientemente me
prestan siempre de su tiempo para escribir.
A Graciela que desde Chile transcribió la primera copia de este mensaje.
A mi madre por ayudar con las correcciones.
A mi hermoso equipo de trabajo en Ocean Beach, California.
A Link, nuestro hermoso gato que fielmente me acompaña mientras escribo.

Contenido

Introducción 9

Capítulo 1
El orgullo: la raíz de todos los pecados y miserias del mundo 15

Capítulo 2
Orgullo es ponerse por encima de la verdad 25

Capítulo 3
La dependencia es una expresión de humildad 31

Capítulo 4
Bebiendo y dependiendo de la Palabra escrita 41

Capítulo 5
El pecado del orgullo de la moralidad 49

Capítulo 6
Todos nos deslizamos 57

Capítulo 7
Cuatro logros que sucedieron en esta redención 65

Capítulo 8
Es Dios solo quien ha completado nuestra salvación… no tenemos nada de qué jactarnos 73

Introducción

La Salvación es un regalo de Dios. Es gratuito. No tenemos que hacer nada para ganarlo, una vez dado ese regalo, es seguro y es eterno. Nuestras obras no nos pueden acercar a ese don, aunque fueran buenas obras, no son lo suficiente buenas como para pagar la demanda del pecado.

Dicha demanda es muerte, y fue la muerte de un cordero perfecto, sin mancha, sin defecto, el cual por medio del derramamiento de su sangre pudo satisfacer dicha demanda y a la vez aplacar la ira de Dios.

Si Cristo ha completado ese trabajo de salvación (sin nuestra ayuda), entonces ¿De qué nos gloriamos?

 Acaso, ¿Fue alguno de nosotros a la cruz?, ¿Llevamos sobre nosotros el pecado de alguien?, ¿Compartimos nosotros sus llagas?

No. Nosotros no hicimos nada. Es más. Estábamos todavía *muertos en nuestros delitos y pecados (Efesios 2:1)* cuando Él decidió sacarnos de ahí y darnos vida.

Todo esto fue por gracia, *por medio de la fe (Efesios 2:8)* y aun la fe que nos trajo a su gracia nos fue dada, como el mismo texto indica *"no de vosotros, pues es don de Dios"*.

Sin embargo, se ha edificado un entero sistema religioso alrededor de la idea de que el hombre es capaz de salvarse y mantenerse salvo por sus propios méritos, en ocasiones confundiendo aquellas buenas disciplinas cristianas con créditos que nos mantuviesen supuestamente más santos o en mejor posición espiritual que otros delante de Dios.

Existe cierta jactancia en esto, y ésta debe ser derribada. Debemos deshacernos de todo orgullo y dejar que sea solamente Dios quien sea glorificado por todo y en todos.

Que use Dios este pequeño libro para abrir nuestros ojos, poner la gloria en el lugar donde va y librarnos a la vez de toda jactancia.

No es buena vuestra jactancia.
¿No sabéis que un poco de levadura
leuda toda la masa?

1 Corintios 5:6 (Reina-Valera 1960)

Si fuéramos salvos por nuestras propias obras, sería muy natural que nos gloriáramos, y lo haríamos.

Charles Haddon Spurgeon

Capítulo 1

El orgullo: la raíz de todos los pecados y miserias del mundo

Vamos a hablar de lo que es verdaderamente la obra de esta salvación tan grande que Dios ha hecho por nosotros y del fallo que comete el hombre al gloriarse y por qué es tan dañino esto.

¿Qué significa gloriarse?

Vengan conmigo al libro de Romanos. Este tema lo puedo considerar de cierta forma como un estudio en este libro, pero no sistemático; no voy a exponer el libro texto por texto, solo vamos a tratar algunos conceptos.

Vamos al capítulo 4 de Romanos, el verso 2 de este capítulo es la base de esto…

Porque si Abraham fue justificado por las obras, tiene de qué gloriarse, pero no para con Dios. Romanos 4:2 (Reina-Valera 1960)

El texto dice: *"…si Abraham fue justificado por las obras…"* esto sería lo opuesto a la fe, ya que si fue justificado por obras fue trabajo de él mismo y entonces tiene el derecho a gloriarse.

La frase *"pero no para con Dios"*, significa que si te justificaste por obras, Dios no tuvo nada que ver con esto.

Cuando alguien está tratando de ser bueno para que Dios lo acepte eso no es otra cosa que una señal de alguien que no está salvo.

Usted se va a encontrar con un sistema entero que dice *"pórtate bien para que al final Dios te lleve al cielo"* pero si toda la vida te portas bien para tratar de llegar al cielo, eso es justificación propia por medio de obras y lamentablemente al final de cuentas, no vas a ir al cielo, por la razón de que Dios nada tuvo que ver en eso.

"Gloriarse" es el tema del cual estamos hablando y por qué no tenemos de que gloriarnos.

Gloriarse es la forma externa de una condición interna, en otras palabras gloriarse es dejar ver lo que verdaderamente existe dentro de la persona lo cual es orgullo, es decir, **el orgullo es el problema** y gloriarse es solamente la manera de demostrar ese problema.

El legalismo lo único que hace en las iglesias es criar orgullosos, yo he oído gente testificar en las iglesias, dicen cosas así: *"yo soy una buena persona" "yo antes era un desastre, pero ahora soy bueno" "ahora soy una mejor persona"*… decir eso es mentira. No eres bueno, no eres una mejor persona, "CRISTO ES BUENO" y solamente estás salvo porque Dios te puso ahí por gracia y nada de eso tuvo que ver contigo… es más, les voy a anticipar algo aquí.

Dios preparó, diseñó, desarrolló y consumó el plan de salvación y usted todavía no estaba en la escena.

La salvación fue planeada en el cielo, anunciada por medio de ángeles[1], porque en la misma ley que fue dada por ángeles ya la salvación estaba siendo anunciada por medio de sombras y símbolos los cuales estaban apuntando a la verdadera salvación.

Cuando Dios envió a su único Hijo, quien vino, se encarnó, fue a la cruz y murió. Él dijo: *"Consumado es"*… ahí completó el trabajo de salvación y usted no había hecho nada, no había pasado al frente, no había realizado la oración del pecador, aún no había pensado nacer y ya Dios lo había hecho todo ¡GLORIA A DIOS! Él había completado la salvación a la cual usted en este tiempo ha sido llamado por el Espíritu. Recuerde, es Dios el que llama, luego tú crees y cuando crees eres entonces sellado con el Espíritu de la promesa (Ef 1:13) sin embargo, esa obra de salvación ya había sido completada en la cruz.

Lo otro es que el orgullo es la raíz de todos los pecados y las miserias del mundo, tal vez usted va a decir: *La Biblia dice que el amor al dinero es la raíz de todos los males...* así es, pero, oiga esto: **"el orgullo es la raíz de todos los pecados y miserias del mundo".**

Ahora venga a Romanos 1 verso 18
Porque la ira de Dios se revela desde el cielo contra toda impiedad e injusticia de los hombres que detienen con injusticia la verdad... Romanos 1:18 (Reina-Valera 1960)

Mire lo que dice: *"...la ira de Dios se revela desde el cielo contra toda impiedad e injusticia de los hombres que detienen con injusticia la verdad"*, quiere decir que todos los males, pecados y miserias de este mundo **activan** la ira de Dios.

Continuando, los versos 19, 20 y 21 señalan:
Porque lo que de Dios se conoce les es manifiesto, pues Dios se lo manifestó. Porque las cosas invisibles de él, su eterno poder y deidad, se hacen claramente visibles desde la creación del mundo, siendo entendidas por medio de las cosas hechas, de modo que no tienen excusa. Pues habiendo conocido a Dios, no le glorificaron como a Dios, ni le dieron gracias, sino que se envanecieron en sus

razonamientos, y su necio corazón fue entenebrecido. Romanos 1:19-21 (Reina-Valera 1960)

En este último verso dice que no le dieron la gloria a Dios y el legalismo es eso, **no darle la gloria a Dios**.

Hay gente de las iglesias que dicen *"oh, hermano es que ayuné tantas horas"*, *"estuve de rodillas tantas horas"*, **"logré tanto y ahora soy más santo"**… eso es no darle gloria a Dios, pues en eso que haces puedes fallar… es más, aún la oración puede ser un vehículo de vanagloria, incluso puedes hacer cosas buenas, pero, en el momento que mencionas *"por medio de esto que hice logré esto otro"*, en ese momento caíste en la vanagloria.

Esto no quiere decir que la oración o algunas otras disciplinas sean malas. Por el contrario…debemos "orar sin cesar[2]". Debemos ser cristianos de oración, pero después que ores, no salgas gloriándote diciendo que tu sacrificio (el tiempo que estuviste de rodillas) fue la razón por la cual obtuviste el beneficio.

Yo saludo a alguna gente y me preguntan ¿Cómo está hermano? les digo: *"mejor de lo que me merezco"*, me dicen ¿Cómo? ¿Qué ha hecho malo hermano?, les digo: **maté a Cristo, soy asesino**, me dicen ¿Cómo? les respondo: *"Si, yo lo maté, no me merezco nada, estoy mejor de lo que me merezco"*, ahora diga usted: *"Amén hermano, usted está mejor de lo que se merece"*. Es verdad, no nos merecemos nada.

Miremos en el verso 21 dice:

Pues habiendo conocido a Dios, no le glorificaron como a Dios, ni le dieron gracias, sino que se envanecieron en sus razonamientos, y su necio corazón fue entenebrecido Romanos 1: 21 (Reina-Valera 1960)

Me pregunto *¿Qué le está pasando a esta generación?*, pues, esta generación se está envaneciendo en su razonamiento, la falsa ciencia continuamente está diciendo que ha descubierto cosas nuevas, los científicos dicen que ahora saben la manera como comenzó la vida en la tierra, como los meteoritos explotaron la tierra y causaron que las temperaturas subieran y pudiera haber vida, ellos dicen así, cosas similares y esto es vanagloria. Donde el hombre está dando explicación a todo, honestamente creo que hay cosas a las cuales no se le puede dar explicación, lo irrisorio de esto es que entre los mismos científicos se desmienten, puesto que uno dice una cosa, luego viene otro que descubre algo nuevo porque lo anterior está incorrecto, diciendo que lo que había señalado el científico anterior está medio bien y lo que él está señalando es mejor, pues la ciencia está más avanzada.

Continuando en el libro de Romanos, vamos ahora a los versos 22 al 26 en los cuales se señala:

Profesando ser sabios, se hicieron necios, y cambiaron la gloria del Dios incorruptible en semejanza de imagen de hombre corruptible, de aves, de cuadrúpedos y de reptiles. Por lo cual también Dios los entregó a la inmundicia, en las concupiscencias de sus corazones, de modo que deshonraron entre sí sus propios cuerpos, ya que cambiaron la verdad de Dios por la mentira, honrando y dando culto a las criaturas antes que al Creador, el cual es bendito por los siglos. Amén. Por esto Dios los entregó a pasiones vergonzosas; pues aún sus mujeres cambiaron el uso natural por el que es contra naturaleza. Romanos 1: 22-26 (Reina-Valera 1960)

y el verso 28 dice:
Y como ellos no aprobaron tener en cuenta a Dios, Dios los entregó a una mente reprobada, para hacer cosas que no convienen;" Romanos 1: 28 (Reina-Valera 1960)

Oigan bien, aquí dice: *"...para hacer cosas que no convienen" "...entregados a una mente reprobada "* y la razón de esto es **por no aprobar o no tomar en cuenta a Dios**, al decir que lo vas a hacer solo, entonces Dios dice: está bien, hazlo.

Hermanos, el orgullo es terrible.
Ahora vengan de regreso donde comenzamos en Romanos capitulo 1, verso 18

Porque la ira de Dios se revela desde el cielo contra toda impiedad e injusticia de los hombres que detienen con injusticia la verdad... Romanos 1: 18 (Reina-Valera 1960)

Note como el enaltecimiento humano puede detener la verdad. Es de esto que vamos a hablar en el próximo capítulo.

La humildad de los hipócritas es el más grande y el más altanero de los orgullos.

Martín Lutero

Capítulo 2

Orgullo es ponerse por encima de la verdad

Oiga bien esto:

El orgullo es ponerse por encima de la verdad.

Hay personas que están cegadas a esta gracia porque ellas mismas se han puesto por encima de esta gracia.

Ponerse por encima de la verdad es ponerse por encima del alcance de la verdad. Hay gente a las cuales estás tratando de hablar las cosas sencillas de la Palabra de Dios y desde el momento que le vas a hablar, esas personas te descalifican, te consideran un ignorante, diciendo: *"yo estudié en la escuela"*, decir esto es muy peligroso.

Yo animo a que todos los muchachos saquen estudios y diplomas universitarios (de hecho, prepararse es necesario y muestra responsabilidad, además, para ser maestros primero hay que ser alumnos), pero he visto en algunos de ellos como la Universidad va entenebreciendo su entendimiento y llega un momento en que se hacen autosuficientes y empiezan a darte explicaciones de todo y se expresan así *"ahí son un montón de ignorantes, dependen de lo que les dice el pastor, yo ya soy educado, puedo hacer las cosas por mí mismo "* esto quiere decir que se pusieron por encima y desde el momento que se pusieron por encima ya no pueden recibir.

Hay gente que en la iglesia ya no puede recibir de su pastor, porque se pusieron en una posición por encima de su pastor y desde el punto de vista secular a todo le pueden dar una explicación y dicen *"¿qué nos va a enseñar?" "le estás enseñando a gente no educada, en cambio yo ya estudié"* ah, pero saben ustedes que cualquiera de estos pequeñitos puede entender y explicar la gracia mucho mejor y más eficiente que cualquiera que se envanece en su razonamiento, de hecho pregunto *¿qué tienes que no se te haya dado[3]?*

Continuando… en Romanos el verso 19 dice: *"porque lo que de Dios se conoce les es manifiesto, pues Dios se lo manifestó."* Y el 21 del mismo capítulo dice así: *"Pues habiendo conocido a Dios, no le glorificaron como a Dios, ni le dieron gracias, sino que se envanecieron en sus razonamientos, y su necio corazón fue entenebrecido."* Se pusieron por encima de la verdad. Aquí ¿cuál es la verdad?

En este pasaje **la verdad específica es que existe un Dios a quien le debemos todo lo que hemos realizado**, todo lo que somos y no solamente le damos crédito por eso, sino que también dependemos de ÉL.

Una cosa que te hace la verdadera gracia es que te mantiene en continua dependencia de Dios porque aún cuando te haya *perfeccionado con una sola ofrenda*[4] o haya completado ese trabajo de salvación en tu espíritu deja una obra llamada la *redención de nuestro cuerpo*[5] pendiente para que continuamente tengamos que depender de ÉL, porque si hubiera terminado ese trabajo ya habrías dejado a Dios. Pregunto *¿Dejará el hombre a Dios? ¿Dejará un salvo a Dios?* claro que sí, lo bueno es que Dios no te deja, pero puede entregarte a pasiones.

Tristemente hay personas en la iglesia que solamente se conforman con el servicio del Domingo en la mañana, para ellos eso es suficiente y dicen: *"le doy una hora a Dios, al fútbol al menos le doy dos horas y dos horas a una película que vea cada tres semanas"* y cuando están en el servicio y el pastor ocupa un poco más de tiempo continuamente están mirando el reloj, pensando en que tienen que irse a hacer algún trabajo o juntarse con amistades, al ver esa clase de personas sentadas puedo discernir en sus rostros que están ahí como obligadas, están en cuerpo, pero no en espíritu, pero, hay personas que no se conforman con uno, ni con dos servicios, están dependiendo completamente de Dios y continuamente están buscando y pidiendo más.

Pregunto: *¿Qué ves en este tipo de gente y que no ves en la otra?* Se ve más dependencia. Es por estos que existe ministerio y por quienes el pastor siempre está ahí, los cuales no se cansan de recibir, siempre tienen hambre y quieren más, esos dependen totalmente de Dios.

Tal vez usted puede decir: *"bueno hermano pero yo no dependo del ministerio, dependo solo de Dios"* te digo: *NO, dependes de Dios por medio del ministerio, porque Dios habla por medio de ministerios.*
Su Palabra es enseñada por medio de ministerios, crecimos unidos todos por medio de las coyunturas.

El orgullo engendra al tirano.
El orgullo, cuando inútilmente ha llegado a acumular imprudencias y excesos, remontándose sobre el más alto pináculo, se precipita en un abismo de males, del que no hay posibilidad de salir.

Sócrates

Capítulo 3

La dependencia es una expresión de humildad

"¡dependo de ti oh Dios!, no puedo hacer nada solo, si me dejas solo un momento pierdo el rumbo, rompo cosas"…

Es como los niños si los dejan solos un momento ya hicieron un desastre, los niños no se pueden dejar solos mientras crecen.

Hay gente que dice: "yo ya estoy en la madurez", aquí hay un problema con esta gente que razona de esta forma, que se cree madura, porque creen estar por encima y dicen que han leído a Freud, los inicios de la psicología, que han leído la historia de México, la historia de EEUU, dicen que saben todo lo que pasó y que no les pueden contar nada, pero, esto es un error.

En el cuerpo de Cristo, (la Iglesia) existen cristianos a los cuales no se les puede dar alas. Les doy un ejemplo: Mis abuelos por parte de mi padre eran campesinos, criaban animales y labraban la tierra. Allá en el campo a las gallinas se les cortan las alas para que no vuelen alto, porque si se les deja crecer las alas van a volar por encima de los cercos, vuelan lejos y no se ven más.

Hay niños espirituales a los cuales no se les puede dar alas, puesto que si se les da alas corren y se van a otro lugar y se ligan con otros y cuando regresan traen cosas molestas (se ligan con otras gallinas y cuando regresan traen piojos).

Como ya le he dicho, esto lo he aprendido con el tiempo, a algunos no se les puede dar alas, mejor sería cortarle las pocas alas que tienen, sobre todo a la juventud, pues algunos dicen que ya son adultos y que los quieren obligar a hacer cosas, pero saben ustedes que uno todavía adulto descubre nuevas cosas, yo aún estamos aprendiendo, recuerden a Isaac, él era ya un adulto cuando le fueron a buscar esposa porque él solo no sabía con quien casarse.

Los jovencitos se incomodan a veces, no les gusta que les des consejo, y uno lo hace porque los ama y los quiere ver progresar, pero en el progreso que da solo la humildad del que depende continuamente de Dios.
Si puedes depender de Dios, ÉL te va a usar.

En Romanos 1, el verso 22 dice : *"Profesando ser sabios, se hicieron necios"*, **el orgullo te hace creer que eres sabio** y eres necio, es orgullo vano cuando dices que a ti no te tienen nada que enseñar, que eres una persona preparada, eso es vanidad de vanidades.

Hay gente que se cree sabia. Saben... yo prefiero lidiar con las personas que no se creen nada, personas que dicen *"ayúdame, enséñame algo"* Hay algunos que no les puedes decir nada, no les puedes contar ni siquiera un chiste, se las saben todas.

Recuerdo en mis días cuando viajaba con una carpa dentro de México, que en una cruzada, cada vez que terminaba de predicar un mensaje, se me acercaba un hermano a decirme que ese mensaje que yo había predicado, ya Dios se lo había mostrado a él antes.

Miren, hermanos, el orgullo es terrible, hace creer que uno es sabio, dice el verso 22 *"profesando ser sabios, se hicieron necios"* ese es un peligro que existe en la Iglesia, muchos hermanos creen que se las saben todas, que tienen más revelación y más entendimiento que los demás, no se les puede enseñar nada, dicen así *"es que nosotros somos entendidos"* y decir esto es orgullo.

Recuerda lo que dijo aquel del relato bíblico cuando vinieron los fariseos y le preguntaron cómo había sido sanado y el dijo *"yo lo único que sé es que era ciego y ahora veo, pregúntenle a él*[6]*"* ahora dígale a alguien: *lo único que sé es que yo no veía pero ahora veo.*

Mientras más lees, más cuenta te das de lo que te falta, hermanos, aún somos bebés.

Voy a seguir avanzando, los versos 24 y 25 dicen:

Por lo cual también Dios los entregó a la inmundicia, en las concupiscencias de sus corazones, de modo que deshonraron entre sí sus propios cuerpos, ya que cambiaron la verdad de Dios por la mentira, honrando y dando culto a las criaturas antes que al Creador, el cual es bendito por los siglos. Amén Romanos 1: 24,25 (Reina-Valera 1960)

El orgullo toma una mentira y la enaltece, una vez que llegas ahí, es difícil que te puedas bajar porque vas a caer en vergüenza, es de muy pocos hombres reconocer la equivocación, decir por ejemplo *"hermanos me equivoqué, me arrepiento, enseñé lo que no era y pido perdón, ayúdenme a discernir lo que tengo que enseñar"* hay muy pocos que se atreven a reconocer esto, pero, ese reconocimiento del error es lo que los mantiene humildes y dependiendo de Dios.

Para concluir con la idea, el verso 28 del capítulo 1 dice: *"Y como ellos no aprobaron tener en cuenta a Dios, Dios los entregó a una mente reprobada, para hacer cosas que no convienen…".*

Considere esto: Existen muchas cosas que no haces porque no convienen, pero los que no tomaron en cuenta a Dios les dijo ahora lo van a hacer y los entregó, por esta razón hay gente que persiste en hacer cosas y no importa lo que hagas no los puedes sacar de ahí, especialmente algunos que conocieron a Dios y estaban entre nosotros, dentro de las Iglesias.

Escucha bien *"estaban entre nosotros, por eso muchos duermen[7]"* Aquí no estamos hablando de la salvación eterna del espíritu sino de lo que sucede en esta vida aquí en la tierra.

Hay gente que ha sido **entregada a pasiones desordenadas** y no ve la luz. Sepa que aquí en esta carne hay debilidades, todo el mundo tiene debilidades.
¿Se acuerda de Noé? Vean en el libro de Génesis aquí hay una frase que Dios inserta en su infinita sabiduría. En ese entonces la gente estaba haciendo maldades y Dios les estaba enviando avisos, estaba tratando de lidiar con ellos y continuaban muy tercos, entonces llega el momento en que Dios dice *"No contenderá mi espíritu con el hombre para siempre[8]"*.

Saben, Dios dijo: Ya. Hasta cuándo van a seguir con lo mismo y les envió bastante agua como para ahogarlos a todos, no estoy diciendo si los perdió para siempre o los envió al infierno, estamos hablando de cosas terrenales, aquí quedaron sus cuerpos ahogados.

¿Por qué razón? porque Dios se cansó de estar lidiando con su enaltecimiento. Ellos no estaban dependiendo de Dios sino de su propia habilidad.

Una persona me comentó que tenía un grave problema y estuvo buscando ayuda y para ello compró un libro de un doctor y me dijo que ahora su estima había subido, eso quiere decir que ahora se cree más.

Creo que la solución está en lo contrario a eso, no se trata de un problema de alta o baja estima, el problema se llama pecado, los psicólogos en general dicen que es un problema de Stress, pero el problema es el pecado que te rodea y solamente puedes lidiar con esto dependiendo de Dios, porque cuando hay dependencia de Dios estás diciendo: *"me rindo" "yo no puedo" "no sé como" "Oh Dios ahora en la debilidad ocupo tu gracia"* esa gracia se activa y se hace manifiesta en la debilidad (esto lo enseñó Pablo[9]).

Para ir redondeando la idea, vamos otra vez al verso 28 *"Y como ellos no aprobaron tener en cuenta a Dios, Dios los entregó a una mente reprobada, para hacer cosas que no convienen"*.

Definitivamente no reconocieron a Dios.

Hay personas que este próximo Domingo no estarán en la Iglesia porque por sí solos están resolviendo sus cosas. Si dejas a Dios ser el primero en tu vida, nada te va a faltar, pero si no estás dependiendo de él y andas por ti mismo eso es vanagloria y Dios está excluido, es decir, no vives conforme a Dios.

Nuestro carácter nos hace meternos en problemas, pero es nuestro orgullo el que nos mantiene en ellos.

Esopo

Capítulo 4

Bebiendo y dependiendo de la Palabra escrita

Ya hemos dicho que **gloriarse** es la expresión externa de algo que ocurre internamente y a eso es lo que se le llama orgullo.
He dicho que **orgullo** es ponernos por encima de la verdad, de esta manera conociendo cual es esta verdad nos podemos enfocar en el crédito que debemos darle a Dios por sobre todas las cosas y en la **dependencia** que tenemos de ÉL, en este punto traté de explorar el área de todo lo que tiene que ver con depender de Dios.
Relacionado con esto tengo un mensaje de hace como 3 años que se llama "Las disciplinas y necesidades de un elegido[10]" pues un elegido tiene necesidades, necesita depender de Dios, no puede estar sin

Palabra de Dios y pienso que una persona que pasa tiempo sin oír Palabra de Dios pudiera poner en cuestión la veracidad de su elección.

Puesto que me estoy basando en las características que tiene un elegido en debilidad y que por su gracia Dios nos pone a disposición fortaleza que proviene de la fuente que continuamente está fluyendo y entregando esa agua fresca para que puedas beber, piensa *¿Qué sucede si no bebes agua natural?*

En lo espiritual si dejas de beber esa agua lo primero que se te acaba es el gozo.

Hay muchos elegidos, hijos de Dios que han sido separados y perfeccionados por Dios en su espíritu, pero andan caminando sin agua, están secos en gozo porque se han desconectado de la fuente que da gozo.

Para que fluyan ríos de agua viva de nuestro interior tiene que haber gozo. La seguridad de la operación que por gracia ha realizado el SEÑOR en nosotros no lo es todo, hay más. El hecho de que seamos reformados en doctrina no quiere decir que andemos muertos de gozo, estamos muertos, pero, en Cristo, porque morimos con ÉL, morimos al pecado, a los apetitos de la carne, pero no estamos muertos a las otras cosas y una de esas cosas es el gozo, una de las cosas que se termina cuando no hay contacto con la fuente es el gozo, es necesario tener contacto con la fuente.

Hace poco tiempo hablé en la Iglesia en cuanto a la necesidad de estar continuamente oyendo la Palabra, porque, para empezar *la fe viene por el oír y oír la Palabra de Dios*[11], y al siguiente día estaba discutiendo esto con uno de mis hijos y él me dice: *Papá somos salvos por gracia y Cristo no nos salva porque vamos a la iglesia, nos salva antes de que vayamos a la iglesia, entonces la cuestión de ir a la iglesia es porque oímos la Palabra de Dios y la Fe viene por el oír"* aquí el se pone a razonar y me dice lo siguiente *"Si la fe viene por el oír y la necesidad de estar congregado es fe ¿Qué sucede si yo leo la Palabra y la leo en voz alta, entonces ya la estoy oyendo?...* entonces le respondí: *eso es correcto*, vean ustedes, él está preparado para el próximo nivel y el próximo nivel tiene que ver con el efecto que debe producir la Palabra en nosotros si es que realmente la entendemos, pero alguien aquí puede decir: *"yo la entiendo solo en mi casa, porque la Palabra de Dios es para que todo el mundo la entienda.*

Referente a esto ya antes he explicado que eso opera en dos niveles: Cuando Dios te va a reconciliar, el primer nivel de entendimiento es la salvación prometida para ti, el propósito central de la Palabra de Dios, o sea, el propósito inicial es entendible que Dios envió a su Hijo a la cruz para salvar, sin embargo, las profundidades de la Palabra de Dios no son entendibles a cualquier persona, aún el mismo apóstol Pedro que recibió el apostolado para los judíos dice que *Pablo escribe cosas que son difíciles de entender*[12], entonces si Pedro nos dice esto, considerando que a Pedro le fue dado un apostolado para un pueblo, (y además él entendió que el SEÑOR era el Cristo antes que todos los otros apóstoles y Cristo le dice que *no te lo reveló ni carne ni sangre*) quiere decir que es posible que para ti hayan cosas difíciles de entender.

Yo les voy a confesar algo, hay cosas en la Palabra de Dios que yo las he leído, pero, no las entiendo y para poder entenderlas me ha tomado meses de oración y lectura, buscando hasta que Dios empieza a aclararme los ojos del entendimiento en esa área donde no me habían sido aclarados.

El entendimiento es algo progresivo y si esto es así entonces ¿Será justo decir que alguien necesita ayuda para entender la Palabra? o ¿Podemos entenderla por nosotros mismos?
¿Se acuerdan de la pregunta de mi hijo?, pues el no entendió todo por sí solo necesitaba que alguien le explicara algo, entonces ahí entendió el concepto. (Saben, a los hijos no hay que traerlos obligados a la iglesia, porque cuando cumplen los 18 años de edad se van corriendo y no quieren saber nada de Dios pues no entendían lo que pasaba, a los hijos hay que explicarles las cosas).

Entonces si esto es así quiere decir que el ministerio de la maestría en la iglesia es necesario y este ministerio consiste en explicar aquellas cosas que aparecen oscuras, aquellos pasajes que no pueden discernirse fácilmente y ahí entra el don, lo toma, abre y explica el pasaje.

En el pasado hay gente que me ha dicho que en este ministerio es clara la Palabra, digo esto no porque nos estemos gloriando, estamos lidiando con una realidad porque para entender esta gracia hay que entenderla en forma clara.

En el otro régimen si preguntabas algo al ministro te respondía que cuando estés en el cielo lo entenderás. Pero ya en el cielo no es necesario conocer cosas terrenales pues estaremos en la misma presencia de Dios. Aquí se habla de cosas que fueron escritas para entenderlas ahora, mientras participamos de carne y sangre. Aquí es necesario tener respuestas, hoy, por eso, es aceptable que alguien nos ayude, entonces esta es una buena razón por la cual congregarnos.

Si eres orgulloso conviene que
ames la soledad; los orgullosos siempre
se quedan solos.

Amado Nervo

Capítulo 5

El pecado del orgullo de la moralidad

Dije que es necesario estar continuamente dependiendo de Dios, si no tomas agua de la fuente vas a empezar a tener sed y si dejas de beber agua de la fuente por mucho tiempo, vas a ser un muerto caminando, así que **es necesario depender**.

La otra cosa que señalé es que el orgullo te hace creer que eres sabio, pero en realidad eres necio, el orgullo enaltece la mentira.

El estado definitivo de esta situación es que no se reconoce a Dios, Romanos 1:28 dice *"Y como ellos **no aprobaron tener en cuenta a Dios**, Dios los entregó a una mente reprobada, para hacer cosas que no convienen"*. Antes, el verso 26 dice *"Por esto Dios los entregó a pasiones* *vergonzosas; pues aún sus mujeres cambiaron el uso natural por el que es contra naturaleza"* aquí exactamente está hablando del lesbianismo, pero el problema de todo el pasaje no tiene que ver con esto, se menciona el lesbianismo y homosexualismo porque esto era uno de los problemas más graves que tenía Roma en ese momento, pero el pasaje en Romanos también menciona la idolatría, la adoración a las criaturas antes que al Creador y toda cosa depravada o que no conviene.

Ahora vamos a Romanos capítulo 2 verso 3 *"¿Y piensas esto, oh hombre, tú que juzgas a los que tal hacen, y haces lo mismo, que tú escaparás del juicio de Dios?"*

Aquí hay una faceta del orgullo y esta es la más peligrosa. Me refiero al orgullo que proviene del legalismo, es decir de la religión, específicamente los "religiosos morales".
Actualmente la moralidad se ha convertido en el dios de América para los evangélicos, para los incrédulos son otros los dioses, pero para los evangélicos en América las reglas de moralidad se han convertido en su dios, por eso los movimientos cristianos organizados están continuamente combatiendo en las distintas cortes y en diferentes niveles e influyendo en el gobierno para establecer ciertas reglas morales.

En EEUU cuando entró aquel evangelista Charles Finney, este llegó a burlarse completamente de la justificación por fe.

Charles Finney dijo que el hombre era justificado por su obediencia y no por la obediencia de Cristo, dijo que si no éramos suficientemente obedientes Dios nos iba a consumir con su ira, dejó fuera la obediencia de Cristo[13].

Esto tengo que decirlo por nombre para apuntar específicamente el daño que entró a América y convirtió la religión evangélica en una religión humanista donde sobrevive el que obedece ciertas reglas morales puestas por sus líderes "La moralidad con orgullo", sin embargo, esto no quiere decir que seas un inmoral, no me vayan a entender mal porque algunos críticos pueden decir que estoy diciendo que hay que ser inmorales, que quede lo suficientemente claro que no estoy dando luz verde para la inmoralidad, pues ésta no conviene, en realidad los que son entregados (de acuerdo al texto leído en Romanos) son los que empiezan a hacer inmoralidades.

El problema con **el pecado del orgullo de la moralidad** es que la moralidad pasa a tomar el lugar de la salvación, en la cual nosotros no tuvimos ninguna participación. Dios la diseñó y terminó antes que nosotros existiéramos porque nosotros no merecíamos nada, la Palabra dice que *no habíamos hecho bien ni mal para que el decreto de elección permaneciese*[14], Dios ya había dicho a este lo voy salvar, antes que realizaras lo que ibas a realizar, antes que mintieras o fueras blasfemo, entonces en el momento adecuado te trajo a reconciliación y te selló con su Espíritu. ¡Qué cosa más tremenda es esta!, que él mismo te trajo a que creyeras y cuando creíste te selló con su Espíritu. Escuchen bien esto, **la moralidad con orgullo se convierte en hipocresía** y eso es lo que se ve en muchas iglesias, es una total hipocresía porque los que guardan más reglas según ellos son más santos.

Aquí me regreso a Romanos capítulo 4 verso 2
Porque si Abraham fue justificado por las obras, tiene de qué gloriarse, pero no para con Dios. Romanos 4: 2 (Reina-Valera 1960)

El problema de estos amados hermanitos es que tienen de que gloriarse, se glorían, pero no para con Dios, se glorían de sus ayunos, de sus vigilias, de sus simbolismos, de su apariencia de piedad y hasta dicen así *yo soy un evangélico de los más antiguos"* esto es puro orgullo, dicen también *"yo no digo mentiras", "yo no miento",* pero yo te digo ¿Cómo que no? tu mataste a Cristo, entonces eres mentiroso y matón. Se enorgullecen de una gloria que es falsa, esa es la razón del peligro de la moralidad, mira si vienes a Romanos capítulo 2 verso 1 dice lo siguiente *"Por lo cual eres inexcusable, oh hombre, quienquiera que seas tú que juzgas; pues en lo que juzgas a otro, te condenas a ti mismo; porque **tú que juzgas haces lo mismo**."*

Pregunto: *¿Acaso lo que hace la religión no es juzgar?* algunos de ellos se sientan en el trono creyendo que son Dios y se dan el lujo de decir quién entra y quién no.

Aquí hay un problema entonces, estamos llevando a América a una religión totalmente desconectada de JESUCRISTO, es una religión farisea porque es basada en apariencias, en hipocresía, falsa piedad, orgullo de moralidad y aun decimos: *"Mis hijos están en la iglesia"*, pero los ves amargados.

Escuche bien: **Aún el conocimiento puede ser un medio de jactancia.** Hay personas que se glorían en su conocimiento y es lo que está sucediendo con grupos donde se hace más énfasis en el conocimiento que en la relación. Predicadores hacen alarde de su conocimiento, diciendo: *"nosotros tenemos revelación que ustedes no tienen" "entendemos algo que ustedes no entienden"*.

Aquí hay vanagloria en estos predicadores que dicen que predican el Evangelio porque la verdadera predicación del Evangelio excluye vanagloria.

Un predicador del Evangelio lo primero que debe tener es humildad, reconocer que todo el crédito le pertenece a Dios, que en todo dependemos de Dios y que no podemos hacer nada por nosotros solos y si pienso de manera diferente entonces lo que traigo cuando vengo a predicar no sirve porque es cosa de hombres, la única manera que traiga algo válido es que lo que traiga no sea mío, pues si es mío ya no sirve, está contaminado, ya tiene carne, tiene intereses, la mejor predicación que pueda entregar es la desinteresada en la cual no participé, sino que me fue dada por gracia y yo no hice nada para obtenerla, no tenía el conocimiento suficiente para entenderla, no tenía la habilidad para entenderla, pero Dios me dijo por medio de tí la voy a entregar, esa es la verdadera predicación de gracia.

Hay gente que se gloría y te dice: *"yo estoy orando por ti"* y tú les dices, *si realmente estuvieras orando por mí entonces no estaría metido en los problemas en que me he metido, parece que mientras más oras por mí más difícil se me hacen las cosas.*

En realidad la gente que verdaderamente te ama y ora por ti no te dice nada, porque son lo suficientemente humildes para dejar que Dios se lleve el crédito completo, no quieren ningún tipo de crédito contigo porque el que ora por ti no quiere que le debas nada tampoco, pues si te digo que oro es para que me debas algo *"gracias hermano por orar por mí"*, entonces si no te digo nada no me debes nada.

Y sí, es necesario que compartamos nuestras necesidades de oración con gente sincera y que mutuamente sepamos que estamos orando los unos por los otros. Pero hay una diferencia entre aquel que sinceramente ora por tu necesidad y aquellos que usan la ocasión para jactarse de que son espirituales o aparentar que son cristianos de oración.

Los cántaros, cuanto más vacíos,

más ruido hacen.

Alfonso X el Sabio

Capítulo 6

Todos nos deslizamos

Romanos capítulo 3 es el texto más claro que he leído en la Biblia en cuanto a la depravación total del hombre[15], aquí se deja ver claramente que no hay nadie bueno, que nadie busca a Dios, entonces todo ha quedado de parte de ÉL, ya que por naturaleza nosotros no merecemos nada.

La verdadera gracia no produce orgullo sino que produce humildad y agradecimiento a Dios. Antes de leer el verso 18 del capítulo 3 vamos al 9 que dice:

¿Qué, pues? ¿Somos nosotros mejores que ellos? En ninguna manera; pues ya hemos acusado a judíos y a gentiles, que todos están bajo pecado. Romanos 3:9 (Reina-Valera 1960)

Aquí se está haciendo una comparación entre dos pueblos, entre el pueblo de Israel y los gentiles.

Para continuar leamos los versos 10 y 11...

Como está escrito: No hay justo, ni aun uno; No hay quien entienda, No hay quien busque a Dios. Romanos 3:10,11 (Reina-Valera 1960)

Esto último que nos dice el texto bíblico es lo contrario a lo que se enseña casi por regla en la mayor parte de la Iglesia, te dicen *"Busca a Dios"*, hay un texto preferido de las personas allá afuera *"Busca primero el reino de Dios y su justicia y todas las demás cosas os serán añadidas[16]"*, pero saben, la Biblia nos dice también que *ÉL fue hallado entre los que no le buscaban*[17]. Yo te digo busca su aprobación, busca su consejo, pero no puedes decir que la salvación te fue dada porque la buscasteis, pues esto no es así.

Otra vez, no me mal entienda. Tú debes buscar el reino de Dios primero, tú debes de buscar agradar a Dios, conocerle mejor, etc.... pero lo que quisiera dejar muy claro es que la salvación no llegó a ti porque tú la buscaste. Fue Dios quien te buscó a ti y te halló. Entonces la gloria es de Dios, no tuya.

Continuemos leyendo, en el verso 12 de Romanos 3, dice:

Todos se desviaron, a una se hicieron inútiles; No hay quien haga lo bueno, no hay ni siquiera uno. Romanos 3:12 (Reina-Valera 1960)

Esto quiere decir que la condición humana es mala, no importa lo que digan los psicólogos, estos te van a decir que tu eres bueno y lo que pasa es que te dañaron, pero la Biblia dice que **nadie es bueno**.

Ahora veamos lo que nos dice el verso 18:

No hay temor de Dios delante de sus ojos. Romanos 3:18 (Reina-Valera 1960)

El gran problema de todos los que se glorían es que existen solo para ellos, para complacer sus antojos y su arrogancia.
Cuando nosotros hablamos de finanzas y mayordomía una de las cosas que se ve en la entrega financiera de una persona es eso, que la persona que se entrega a Dios y entrega toda su vida a Dios, deja de pensar tanto en sí misma.

Miren esto: Los jovencitos que no están bien entrenados cuando empiezan a ganar dinero lo primero que hacen es que todo lo que ganan se lo gastan en ellos y eso es una señal de egoísmo, de la depravación que existe en su corazón, de la depravación del ser humano.
Lo que están diciendo con esa actitud es lo que quieren para ellos, sin embargo, tu no lo haces así porque has creído, te has dado golpes y has aprendido lo que conviene y lo que no conviene, pero si no

hubiese sido así estuvieras haciendo lo mismo porque es lo que desea tu corazón, deseas gastar en ti cada centavo que tocan tus manos.

Al momento de recoger la ofrenda escoges un peso viejo para dar, pero antes ya has pasado por la peluquería y la tienda y has gastado unos cuantos pesos.

Yo conocí en la ciudad de San Ysidro, California a un muchachito que tenía un problema. Este compró un carro y tenía que pagar el seguro y este muchacho ganaba solo 600 dólares y el gasto del carro eran 600 dólares. Su mamá vino a hablar conmigo, ella estaba enojada porque su hijo vivía con ella y no aportaba nada, solo gastaba, entonces me preguntó que hacía con él.

Le dije: *No lo puedes matar*, además le pregunté si le había enseñado a dar, me dijo que no y me dio una explicación. Entonces deduzco que nunca le había enseñado a sembrar y ella tampoco había sembrado, entonces por qué andaba solicitando consejos de algo cuando lo primero que había dado era libertad a la carne, oigan bien esto, si le das libertad a la carne de seguro la va a aprovechar, les pregunto: *¿Qué busca la carne?* Busca sus propios intereses, complacerse en sus deleites, antojos y arrogancias. Por eso es que la siembra es tan importante, porque la persona que ama a Dios le da parte de su vida y en esa entrega está venciendo a la carne por ley.

Por ejemplo, en consejería, cuando tu tomas un matrimonio que te viene a pedir consejo y lo sientas delante, cada uno está diciendo lo que quiere del otro, cada cual dice su petición, así él está tratando de cambiarla a ella, a su vez ella está tratando de cambiarlo a él ¿Por qué razón se da esto? Porque los dos están caídos, están pensando en lo que ellos quieren, están pensando en sí mismos. Eso no es el matrimonio, el amor es lo que nos dice 1ra Corintios 13 " *El amor es sufrido, es benigno; el amor no tiene envidia, el amor no es jactancioso, no se envanece; no hace nada indebido,* **no busca lo suyo***, no se irrita, no guarda rencor; no se goza de la injusticia, mas se goza de la verdad. Todo lo sufre, todo lo cree,* **todo lo espera***, todo lo soporta.*" hasta una canción dice por ahí que amor es entregarse.

Si tú la amas debes estar buscando lo que a ella le beneficia y si tú lo amas debes estar buscando lo que a él le beneficia, si pueden hacer eso, sus problemas se pueden arreglar.

Continuando en lo que estábamos, ¿por qué está eso así? dicho de otro modo ¿Cuál es la raíz de eso? La raíz de eso es la **depravación total del ser humano**, porque somos malos, por naturaleza somos orgullosos, nací arrogante, no me tuvieron que enseñar a ser arrogante, nací corrupto de corazón, mal intencionado, me amo más que a ti por naturaleza, me importa yo primero y después el resto, me importan mis antojos, mis deseos, mis intereses, esa es la realidad y si esa es la realidad, entonces tengo un grave problema que me separa de Dios y activa la ira de Dios porque Dios detesta los orgullosos, entonces…

¿Cuál es la respuesta?

La respuesta de Dios es que Él envió a su Hijo para librarnos de su ira, salvarnos de su propia ira.

Dios se encontró en una situación que dijo *"mi ira los va a consumir, pero no los puedo consumir, ¿cómo los puedo librar? si ellos no se pueden librar, ahora yo mismo los tendré que librar de mi propia ira"*, entonces tomó esa ira y la puso sobre Cristo, su único Hijo y Cristo tomó toda esa ira y la consumió.

Entonces; en realidad, ¿qué hemos realizado nosotros? Nada, pues el mismo Dios que iba a consumirnos con su ira nos salva de su ira, dándonos a su Hijo, nos envió a su Hijo para librarnos de su ira.

La jactancia, como la armadura dorada,
no es lo mismo por dentro que por fuera.

Demófilo

Capítulo 7

Cuatro logros que sucedieron en esta redención

1ro.- **JESUS levantó en su muerte el valor de la gloria de Dios,** el valor que nosotros habíamos devaluado o pisoteado, es decir, vino y reparó el daño. Nosotros como criaturas nos gloriamos primero, antes que el Creador, pusimos a Dios en el último lugar, y nos pusimos nosotros primero, nuestros intereses primero y todo lo pusimos en un orden equivocado, quitamos la gloria a Dios y dijimos *"nosotros somos los que lo hicimos", "mi fe pudo", "yo lo hice"," yo estudié" " yo me preparé" "yo tengo esto" "yo compré esto" "yo sé todo" "yo estoy equipado" "yo no tengo que depender de un pastor que venga el Domingo a enseñarme" "yo estoy preparado" "yo soy sabio"*

Te digo: eres necio.

Lo que hizo Cristo al venir fue valorizar la gloria de Dios, darle valor a aquello que había sido privado de valor por nuestra culpa, puesto que la caída del hombre trajo consigo quitarle la gloria a Dios y Cristo vino a devolverle la gloria a quien le corresponde: al PADRE, sabe ¿por qué? Porque si esa gloria no se devuelve a quien le pertenece, entonces la ira se mantiene presente porque **se despojó a Dios de su gloria y se activó su ira.**

Para regresar su gloria hay que apagar su ira y Cristo tuvo que llevar esa ira sobre Él, toda la ira completa se vertió sobre su propio Hijo y una vez que quitó la ira ya está libre Dios de esa ira, entonces Dios dijo: *ya vertí mi ira sobre uno, ahora ya no tengo más ira, entonces ahora puedo recibir gloria.*

2do.- **JESUS absolvió la ira de Dios sobre Él mismo** y la llevó en muerte por nosotros, en otras palabras nos salvó de la ira de Dios.

La palabra absolver significa: *Declarar un juez o tribunal que una persona que estaba acusada de algo queda libre de la acusación o es inocente*[18].

3ro.- **JESUS pagó rescate,** es decir, pagó el precio por nosotros **para que seamos libres de la condenación y juicio que habíamos levantado sobre nosotros por no darle gloria al Creador e independizarnos** de ÉL. No hay otra cosa que levante la ira de Dios tan tremendamente como es independizarse de Dios. Cuando una persona se gloría, lo que está haciendo es independizarse de Dios, está diciendo: " *yo lo puedo hacer*" " *yo lo puedo lograr*", esta es la razón por la cual resulta chocante la falsa ciencia (hay una verdadera), esas personas que se sientan a discutir de cómo se creó el mundo, diciendo que entienden como se formó la tierra al comienzo, dándole explicación a todo, pero siempre llegan a la mentira porque al final no hay respuesta, lo único que queda es vanagloria.

Este es un problema que sucede con un alto porcentaje de maestros en las escuelas de EEUU, por eso en la actualidad está tan depravada la educación puesto que estos maestros creen saberlo todo, creen que lo tienen todo bajo control, esto también ocurre aún en las Universidades cristianas, haciendo el mismo daño, recuerdo que tenía un maestro de griego y cuando terminabas de oírlo hablar ya no querías ni predicar, si estabas débil en la fe ahí te quedabas, ese hombre era tremendo para apartarte del ministerio, saben, cuando yo empecé mis estudios me aconsejó y me dijo: *"tu no sirves para predicar"* *"no tienes el don de la oratoria"*, *"no tienes personalidad para hablar en público"*, yo le dije: *"tienes razón, pero yo me voy a quedar aquí porque yo no tengo otra cosa que hacer, además estoy pagando para estar acá (en la escuela)"* y me quedé, yo fui tan torpe que no lo oí y continué, han pasado 28 años y estoy aquí, pero sucede que las grandes estrellas que tenían el don de la oratoria se han ido cayendo en su propio cielo y los que no éramos, todavía estamos, porque no somos nosotros por sí mismos sino que es Dios en nosotros.

Sabe usted, yo no puedo hablar en público, me pongo nervioso, me tiemblan los pies, lo he comprobado una y otra vez, no puedo hablar en público, hay algunos que tienen habilidad para hablar en público, yo no tengo palabras, se me olvidan las palabras básicas, pero cuando me subo a ese púlpito y le doy la gloria a Dios, dejo que el Espíritu Santo sea el que ministre, Él ministra y la gloria es para Dios, porque el vaso no hizo nada, yo no estaba preparado para venir a entregar el mensaje.

Alguien me preguntó: *¿usted está preparado para servir a Dios?* yo le dije que no estoy preparado para servir a Dios, nunca lo he estado, y nunca lo voy a estar, de esta manera tiene que ser.

En el punto tercero dije que Él pagó el rescate porque nosotros no le dimos la gloria al Creador y tratamos de independizarnos de ÉL, tenga bien en cuenta esta palabra "independencia" esto es carnal, porque todos quieren independizarse, diciendo estoy lo suficientemente grande, saben que algunos dicen: *"yo voy a esa Iglesia, pero algún día voy a hacer mi propia Iglesia"* No olviden que necesitamos dependencia de Dios.

4to.-El cuarto logro es que **Dios vindicó su justicia en la anulación de su ira** cuando su ira fue vertida en Cristo y se terminó su ira, ahora hay justicia.

La ira que nosotros teníamos que llevar la llevó Cristo y nos fue imputada la justicia que es de Dios, miren, que tremendo negocio hizo Dios con nosotros, que Dios me libre si me equivoco en esto, pero lo digo con temor, aquí en esto hubo hasta un mal trato porque ¿Qué le dimos nosotros a Cristo? Nosotros le dimos nuestro pecado y Él nos dio justicia, eso no es un buen trato, no es parejo, pero Dios es tan bueno y misericordioso que tomó nuestros trapos de inmundicia y nos dijo: *"con estos no puedes hacer nada, yo voy a hacer todo"*.

El orgullo es la fuente de todas las enfermedades, porque es la fuente de todos los vicios.

San Agustín

Capítulo 8

Es Dios solo quien ha completado nuestra salvación… no tenemos nada de qué jactarnos.

Regresemos al capítulo 3 versos 21, 22 y 23, nos dicen:
Pero ahora, aparte de la ley, se ha manifestado la justicia de Dios, testificada por la ley y por los profetas; la justicia de Dios por medio de la fe en Jesucristo, para todos los que creen en Él. Porque no hay diferencia, por cuanto todos pecaron, y están destituidos de la gloria de Dios… Romanos 3:21-23 (Reina-Valera 1960)

Luego añade en el 24 *"siendo justificados gratuitamente por su gracia, mediante la redención que es en Cristo Jesús"*

Dios dijo: *"estas personas son orgullosas, mejor voy a enviar a mi hijo"*, entonces Dios diseñó el plan por el cual nos iba a redimir y lo ejecutó. Aún no habías nacido y ya Dios había planeado como te iba a salvar, entonces, ¿De qué te vas a gloriar si todo lo ha hecho Dios? toda la salvación la hizo Dios. Fíjate, aquí hay algunas preguntas que te puedes hacer ¿Soy un orgulloso?, ¿un ingrato?, ¿busco solo lo mío?, ¿soy un egoísta por naturaleza?, ¿todo lo que me interesa es solo yo? Si ya lo entendiste, es así, además entendiste que Dios preparó una salvación enviando a su Hijo, pero aquí puedes hacerte otra pregunta ¿estoy incluido en esa salvación? y aún más ¿por qué me incluyeron ya que no me lo merecía? En este punto te digo: *"qué bueno que hayas preguntado porque eso prueba aún más de que no tienes ni tenemos de que gloriarnos, porque gloriarse es algo grave, de hecho tanta vanagloria deberíamos estar pagándola en el infierno"*.

A modo de resumen podemos decir lo siguiente:

1ro. Gloriarse es orgullo y esto es grave.

2do. Dios ya había hecho todo antes de que pudiéramos participar en esta salvación, de manera que no nos queda espacio para gloriarnos.

3ro. ¿De qué manera me conecto con esta salvación? Porque al final tengo los beneficios y sin gloriarme.

Los humanistas seculares dicen que tú tienes control de tu salvación, en otras palabras tú eres el que te arrepientes y le das una oportunidad a Jesús cuando pasas al frente a hacer la oración del pecador.

Pero la palabra de Dios me enseña que ni aun eso estamos equipados para hacer, no estamos equipados para entender la salvación, mucho menos para decir sí al llamado.

Es el Espíritu Santo quien te toma y hace la obra de salvación en ti, te trae y por eso crees, y cuando tú crees ya pasaron muchas cosas. Hay gente que tiene un concepto equivocado, dice: *"cuando yo creo ahí se inicia todo"*. No es así, pues cuando tú crees esto está muy avanzado.

Para que nadie pueda gloriarse y toda boca sea cerrada delante de Dios, los versos 25 al 27 de Romanos 3 nos señalan:

… a quien Dios puso como propiciación por medio de la fe en su sangre, para manifestar su justicia, a causa de haber pasado por alto, en su paciencia, los pecados pasados, con la mira de manifestar en este tiempo su justicia, a fin de que él sea el justo, y el que justifica al que es de la fe de Jesús. **¿Dónde, pues, está la jactancia?** Queda excluida. ¿Por cuál ley? ¿Por la de las obras? No, sino por la ley de la fe. Romanos 3:25-27 (Reina-Valera 1960)

El apóstol Pablo quiere que tú estés consciente que ni él mismo puede jactarse, y en el 28 dice:

Concluimos, pues, que el hombre es justificado por fe sin las obras de la ley. Romanos 3:28 (Reina-Valera 1960)

No hay ningún espacio para la jactancia, el sistema religioso no puede vivir sin jactancia, ese es el mal del sistema religioso evangélico, pura jactancia por todos lados. Gloriarse está excluido por la ley de la Fe. No tengo de que gloriarme, porque queriendo y buscando lo malo Dios mandó a su Hijo a la muerte y muerte de cruz para que yo recibiera vida la cual no me merezco, vida eterna, la cual no puedo entender.

Meditemos otra vez en este texto:

¿Dónde, pues, está la jactancia? Queda excluida. ¿Por cuál ley? ¿Por la de las obras? No, sino por la ley de la fe. Romanos 3:27 (Reina-Valera 1960)

Bibliografía:

1- Hebreos 2:2
2- 1 Tesalonicenses 5:17
3- 1 Corintios 4:7
4- Hebreos 10:14
5- Romanos 8:23
6- Juan 9:25
7- 1 Corintios 11:30
8- Génesis 6:3
9- 2 Corintios 12:9
10- Las disciplinas y necesidades de un elegido (Mensaje publicado por J.A.P.V. © SM Transworld, Inc.)
11- Romanos 10:17
12- 2 Pedro 3:16
13- Charles Grandison Finney (August 29, 1792 – August 16, 1875) Finney's Systematic Theology, pages 360-377 in the 1994 Bethany House publications
14- Romanos 9:11
15- Total Depravity: the Calvinist doctrine that everyone is born in a state of corruption as a result of original sin.
16- Mateo 6:33
17- Romanos 10:20
18- The Free Dictionary by Farlex

Usted puede encontrar
otros títulos del autor
Jorge Armando Pérez Venâncio
en:

BARNES & NOBLE
BOOKSELLERS

amazon.com
and you're done.™

y cientos de librerías
mundialmente.

Para una lista detallada
de tiendas y distribuidores
puede ir a:
www.KeenSightBooks.com

www.ingramcontent.com/pod-product-compliance
Lightning Source LLC
Chambersburg PA
CBHW021023090426
42738CB00007B/881